비밀의 만남

주조아 시집

시와사람

주조아 시집
비밀의 만남

2022년 9월 3일 인쇄
2022년 9월 8일 발행

지은이 | 주 조 아
펴낸이 | 강 경 호
인쇄 · 기획 | 도서출판 시와사람
등 록 | 1994년 6월 10일 제 05-01-0155호
주 소 | 광주시 동구 양림로119번길 21-1(학동)
전 화 | (062)224-5319
팩 스 | (062)225-5319
E-mail | jcapoet@hanmail.net

ISBN 978-89-5665-643-4 03810

값 10,000원

* 잘못된 책은 바꾸어 드립니다.

비밀의 만남

ⓒ 주조아, 2022
이 책의 저작권은 저자에게 있습니다.
저작권에 의해 보호를 받는 저작물이므로 저자의 허락없이 무단 전재와 복제를 금합니다.

■ 자서

시 쓰는 일은 기뻤는데
시집 내는 일은 좀 부끄럽습니다

기왕이면 가을에 시집을 내고 싶었습니다
가을은 모두가 함께 쓸쓸해지는 계절, 함께 외로워지는
계절이어서 좋다는 생각이 들었지요
하늘과 초목, 강물과도
마음이 섞이기 쉬운 계절,
가을 강변 걸으면서
임의 눈치 살피며 시 쓰는 일은
앞으로도 저에게 더없는 행복일 것입니다

2022. 9.

비밀의 만남 / 차례

■ 자서 · 5

1 당신의 집

당신의 집 —— 12
비밀의 만남 —— 13
봄꽃이 진다고 —— 14
아름다운 사람 —— 16
산딸나무 곁을 지나며 —— 18
상처 —— 20
소만(小滿) —— 22
동백 한 송이 —— 24
어디 계신가요 —— 25
영산강변에서 —— 26
보름달 —— 27
마음의 문 열어드립니다 —— 28
내게는 —— 29
애기 단풍 —— 30

당신은 누구십니까 —— 31
골든샌드 비치에서 —— 32
그릇 —— 34
한려수도 수평선 —— 35
꽃을 보내오십니다 —— 36
망초꽃 —— 38
당신의 소리가 되고 싶어요 —— 40
노을 —— 41

2 겨울비에 생각하다

겨울비에 생각하다 —— 46
비바람의 이유 —— 47
조팝나무 —— 48
이른 봄 진달래 —— 49
가을 길 —— 50
서리꽃 —— 52
개망초 —— 53
넘어진 플레임트리 —— 54

개울 —— 55
산국(山菊) —— 56
MRI 촬영실 —— 58
백년사 동백 —— 59
녹즙 —— 60

3 수선화

수선화 —— 64
구절초 —— 65
쓸지 않는 낙엽 —— 66
함덕 해변 —— 68
구름 미학 —— 70
해바라기 연가 —— 72
가을 비 —— 73
이른 봄 산에 —— 74
2월 —— 76
3월 목련 —— 77
고추잠자리의 환대 —— 78

수평선 —— 80
코스모스 —— 82
빗물 —— 83
달개비 —— 84
서귀포 바다 —— 86
성산리 해변에서 —— 88
서창, 억새의 노래 —— 90

4 이팝나무 꽃

이팝나무 꽃 —— 92
설날의 생각 —— 93
어머니 —— 94
밥상머리 다툼 —— 96
찔레의 추억 —— 98
봄비 —— 100
전라도의 강 —— 101
제야 —— 102
겨울산 —— 103

하늘 —— 104
벚꽃 —— 105
세밑 눈 —— 106
구절초 골짜기에서 —— 108

|해설|
기독교적 세계관과 자연의 수사학 /강경호 —— 109

1

당신의 집

당신의 집

천 년 반석 위에 지어졌기에
바람 불고 홍수가 나도 괜찮다는

몇 세대가 지나도 흠이 없고
몇만 년 세월이 왔다가도 끄덕없다는

당신의 그 집

해보다 더 밝은 등이 켜진
눈이 부신 마을에 지어졌겠지요

아름다운 강변 따라
백만 가지 꽃이 미소 지으며
채도 높은 나비들
끊임없이 날아들고 있겠지요

두려움 없는 언덕에
오로지 말씀과 설계도를 따라 지어진

당신의 신비로운 그 집

비밀의 만남

나는, 당신 생각하는 것을 좋아합니다
그리고, 당신과의 만남을 위해 하루를 삽니다

나는, 늘 홀로 있는 쪽을 찾습니다
사람들은 내가 외로워졌다고 여길 테지만
당신은 홀로 있는 나를 선택하시었습니다

빛으로 그늘로 당신은 접근해 오시어
두리번대는 나의 시선을 가리십니다
이슬로 바람으로 부딪혀 오시어
부끄럼 타는 나의 볼에 하늘의 향기를 입히십니다

때때로 당신은 눈물도 가져오시지요
그리고 차근차근 눈물의 의미를 설명해 주시지요
사람들은 내가 이제 슬퍼졌다고 여길 테지만
당신은 준비하신 비밀로 나를 어루만지십니다

나는, 당신께 발견되려고 오늘도 홀로 됩니다
외로워지지 않으려고 무척 외로움을 찾습니다

봄꽃이 진다고

봄꽃이 진다고 낙심하지 마라
다사로운 햇살과 백화난만의 자리를
푸르고 짙은 신록이 대신할 것이고
우리들 가슴 속 초원은
저 벚꽃 참꽃의 화사함을 능가하는
설레임이 큰 불처럼 번지리니

네 봄날이 간다고 슬퍼하지 마라
그새 하늘의 조각 구름들
먼 여행 갔다 돌아온다
그들을 맞으러 강가에 나아가면
네 삶도 강물 같음을 알리라
누구나 처음은 요란하게 나와
여름 가고 가을 지나도록
깨지고 부서지고 다시 합해지면서
크고 성숙한 강이 되는 거지

만추의 억새의 계절엔
쓸쓸함도 눈을 뜰 것이나
그것이 네 몸에 둥지 틀기 전

하늘에서 첫눈이 내릴 것이니,
소담스레 쏟아져 나오는 아이들 외침에
다시 뜨거워진 가슴 속
봄의 꿈들 첫눈처럼 휘날릴 것이니,

쓸쓸해지지 마라
어느 경우에나
봄꽃은 져도 네 봄은 돌아올 것이라

사랑도 그렇게 갔다 오는 법이다
계절 깊숙한 사잇길로
꿈의 옷 갈아입고
천연덕스럽게 걸어나오는 법이다

아름다운 사람

밤 하늘 초승달 곁을 지키며
긴 여행을 하는
작은 별 하나 보았니
정한 시간 정한 위치에서
푸른 눈 크게 뜨고
아주 멀고 낯선 곳까지
외로운 자들의 꿈이 되어주는
착한 샛별과
그 샛별 같은, 한사람 보았니

나는 날마다 나에게 속으며
내게 대하여 한 날도
후회 없이 지낸 적이 없는데,
아름다운 자태로
가시덤불 새 미소짓는 백합화,
한 사람의 쓰라림도 놓치지 않고
고아한 향기로 쓰다듬어 주는
백합화 같은 사람 보았니
사고 차량 번쩍 들어 올리고
어린 생명 살려내던

고마운 이웃들을 너는 보았니
피어나라 거듭 거듭
우리들 세상 속
아름다운, 사람의 꽃들아
사람의 별들아

산딸나무 곁을 지나며

산딸나무 곁을 지나며
당신을 생각합니다
꽃 이파리 네 개로 이루어진
십자가 모양의 흰 꽃송이들이
하늘 윗편 먼 나라에까지 닿을
당신의 신비로운 눈결 같아 보입니다

당신과 지금까지
시선이 마주친 적은 별로 없습니다
멀리서 보면 분명 당신이었는데
가까이 가서는 만날 수가 없었지요
당신의 참모습이 보이지 않았습니다

화려하고 요란한 것만
좇아가던 저의 삶 때문이었을까요
마음의 욕심 다 지우지 못하고 다가갈 때
당신은 누구에게나 한결같이
자신을 감추시는 것입니까

희고 순결하신 당신의 모습,

그것이 내가 당신 앞에
어김없이 숙연해지는 이유입니다

상처

불혹의 미혼남에게
사귀는 여자 있느냐고 물었더니
상처받을까 두려워 사귀지 않는다고 했다
상처를 주는 것보다
상처를 받는 것이 차라리 나은 거라고,
상처가 인생을
유익하게 하는 거라고 말해주었더니
표정이 밝아지면서 당장에
나를 멘토로 삼겠다고 했다
치유가 이렇게 쉽게 일어날 줄은 몰랐다

그는 삶 속에 많은 상처를 받아왔다
마음이 순수했기 때문이다
상처를 통해 인생은 아름다와진다
아니 아름답고 순수한 심령에 상처가 들어온다
고운 진줏빛 심령에 붉은 상처가
씨 한 톨로 떨어졌을 것이다
그 떨어진 자리를 떠나지 못하고
불혹의 나이에도 남아서
오래오래 꽃피워 왔던 것이다

상처가 인생을 가꾼다
사람마다 아픈 가슴 쥐어짜며
아픈 가슴으로부터 배우느라
거기서 나는 지독한 쓴물을 마시며
자라가는 것이다
그렇게 강해지는 것이다

소만(小滿)

뻐꾸기 울음소리 잦아지면서
초록빛 뽑아 올린
보리 모개는
속살이 듬뿍 올랐다지요

뜰 안 잡초들도
초여름 비에
잎새 두터워졌다지요

그래요
알 것 같아요
해마다 찾아오는 황사 바람도
지면을 살찌우시려는
당신의 뜻이었던 것을

세상을 넉넉케 하시려는
거대한 손길
허공 가득하기에
저의 곤한 영혼
햇살 받으며

진종일
소만의 은총 기다리렵니다

동백 한 송이

철모르던 시절
동백 한 송이 건네고

당신만을 사랑해, 라는
꽃말 일러주며
마음을 내보이던 사람

세월이 지난 지금
동백은 지천으로 피었는데
그 사람 보이지 않는다

어디 계신가요

흐르는 구름 뒷편
푸른 하늘을 펴고
종일 나의 시선 매다시는 주님
우리들의 시간과 그리움이
한 번도 닿은 적 없는 아련한 창공에
새들을 띄우시고
투명한 선으로 구만 리 길 그으시다가
금세 날갯짓 일으켜서 지우시는 주님

어디 계신가요

어둠이 오면
병약한 내 가슴의 갈망 짙어가는데

발밑에 달그림자 길게 펴시고
꿈을 일러주시며
홀로서라 하시는 주님

어디 계신가요

영산강변에서

강변 바람이 차다
바람에 날리는 억새
할머니 머리털 같다
혹은 아우성이는
백만의 촛불시위 같다

계절은 무수히 자랑만 키워왔지
그 안에 민들레, 부추, 쑥부쟁이도
제 모습 뽐내다 갔고
온갖 풀꽃들이
아름다움을 뽑아 올리다
죽어갔던 것이다

언제나 계절의 끝은 온다
계절 속에 계절의 끝이 있다
지금처럼 말이다
그리하여 대지의 모든 것들
이제 최종 심판하라고
저 억새들 일제히
흔들어대는 것일까

보름달

동짓날 저녁 강가에 나가서 본
둥근 보름달

이제 막 떠올랐습니다
포근하고 넉넉하신 당신 모습입니다

낮의 태양은 눈에 부신 까닭에

다가가기 쉽고 편한
밤의 달빛으로 오시었나요

나의 어둔 날들이
때때로 당신으로 인해
밝은 날보다 더 그립고 행복해집니다

마음의 문 열어드립니다

이른 아침 당신께
마음의 문 열어드립니다
보내오신 뜻이
영롱한 이슬로 맺히고
미풍이 되어 지나도록 하겠습니다

햇살이 내리기 전에
장다리 꽃씨를 뿌려 놓을까요
나비를 불러
춤잔치도 준비할까요

당신께 이렇게
마음의 문 열어드립니다
가꾸어진 것들 모두
생명 꽃으로 피어나고
사랑의 향기로 번져가도록 하겠습니다

내게는

내게는
멈추지 않는 노래가 있습니다
황홀한 고백이 있습니다
당신께로 가는 이정표가 있고
놀란 두 눈이 빛나고 있습니다

내게는
멈추지 않는 눈물샘이
수천 갈래로 뻗어 있습니다

모두
당신 때문에 생겨난 것입니다

애기 단풍

늦가을 선운산
계곡 물소리 들리는 곳
애기 단풍 보러 가자고
동행을 구했으나 없어
맘먹고 혼자 왔는데

오늘 보는 단풍은
갓난아기 볼처럼 곱고
눈이 부시다
차가운 햇살 스쳐서인가
별빛 달빛도 무수히 받았겠다
아름답게 핏빛으로 변해가는 잎들
내 눈길을 붙잡아 놓아주지 않는다

어느 첫사랑이 이런 빛깔일까
그 사랑 너무 멀리가서
세월과 함께 그만큼 또 흐르면
이렇게 고운 핏빛을 띠는 걸까

몇 해 더 묵어서 된 아픔이면
이렇게 두근거리게 하는 걸까

당신은 누구십니까

깨끗한 봄비와 꽃바람 보내시고

고운 나비 풀어 춤추게 하시더니

햇살과 그늘로 번갈아 가리시다

밤 그림자로 하나씩 지우시며

별빛 쏟아 한 줄 시로 거둬가시는

당신은 누구십니까

골든샌드 비치에서

이역만리 호이안까지 따라오시어
높이높이 태양을 띄우시니
하늘, 바다, 땅이 온통
눈이 부십니다

크신 위엄 보이시려고
야자수 줄지어 세우시고
하늘 향해 두 팔 들어올리게 하셨나요
바다 저편에 오는 천만 개 파도는
당신의 거대한 숨결인가요

펼치신 금모래 위에
제 발자국 남깁니다
사랑의 두근거림도 함께 새깁니다
근심도 조금 떨궈 놓습니다
당신은 바람이 되어
자국들 하나씩 지워 가시겠지요
달빛 되고 이슬 되어
모래 위 모든 것
어루만지고 쓸어 가시겠지요

그리하여 골든샌드 비치
매일 새롭게 하심은
사랑하는 이들 모두 와서
흔적 남기고 마음 새기라는 뜻인가요
당신의 큰 가슴으로
새겨진 마음들 빠짐없이 안아 가시겠다는 것인가요

그릇

차라리 아무 데나 놓이고
무슨 일에든 가리지 않고 쓰이는 그릇이 되겠습니다

어둔 구석 뒤주 속에 외롭게 남아
밥 지을 양식 퍼올리다가
개울가 빨래터 물바위로 따라 나가서는
생명 우물 떠 담고 허물도 씻겨주며
즐거운 잔칫날 떡 과일 가득 담아
전하시는 말씀도 함께 들고
마을 곳곳 찾아 인사 다니겠습니다

금 그릇장에 진열되어 기다리기보다는
낮고 천한 모습으로라도
당신의 손때 묻은 도구로 살고 싶습니다
당신에게 정답고 만지기가 편하여
연한이 다하도록 놀지 않고 수고하다가
정한 날에 후회 없이 녹아지고 싶습니다

한려수도 수평선

너를 생각하기 전
내 눈에 먼저 들어와서는
내 눈동자에 걸치는 것
돌아서면 내 볼에 닿을 듯 말 듯 하더니
등줄기에 다시 걸치는, 아련한
실낱 같은 그리움

어디를 보나
난 잊을 수 없고
이런 내가 있는 한
너도 멀리 가진 못하지
오해와 갈등에 관한 기억은
시간 앞에 모조리 지워져가기 때문,
저 헤아릴 수 없는 물결은
더 이상 인생들의 것이 아니야

이제 보이는 건
어디를 가나

수평선, 너만 보인다

꽃을 보내오십니다

당신은 거친 세상에
꽃을 보내오십니다
어떻게 사는 것이 행복한 삶인지
말로 가르치지 않으시고
직접 꽃을 보고 배우게 하십니다

사랑을 찾는 이들에게
진달래 개나리 수선화 왕벚나무꽃 영산홍 같은
예쁜 봄꽃들을 듬뿍 보내오십니다
낮은 곳으로 내려설 줄 아는 이를 위해
잡초 사이 오랑캐꽃이 피게 하시고
광대꽃도 피게 하십니다
비천한 것이 차별 없이 대우받기를
갈망하는 이들에게는
개망초꽃을 환하게 피우십니다
개망초꽃 환하게 지천으로 피우시어
비천한 쪽을 크게 응원하십니다
춥고 주린 자들 위해 늦가을 국화꽃을
보내어 함께하십니다
그들이 보금자리 찾아 깃들 때까지

오래오래 곁에 있어 주십니다

당신은 누구에게나 꽃 같은 분이십니다
귀천을 가리지 않으시고
일평생 아름다운 것으로
따뜻한 위로와 훈계를 하십니다

망초꽃

서울 강남에만 인물 나랴
외딴 섬의 사철 해풍 맞고 자란 사람이
대통령도 하는 세상이다

잘 가꾸어진 정원의 꽃보다
들꽃이 더 정겹고 믿음직스러운 것을

너는 보았겠지
봄, 가을을 내어주고
하필 뜨거운 태양 볕 내리쬐는
한여름에 피는 망초꽃
폭염 속 날벌레와 싸우며
쏟아지는 소나기 세례
눈 지그시 감고 다 받아내는 저 꽃

여름 내내
땀내 나는 한반도의 들을 지킨다

천둥번개 치는 날은
크게 놀라 움츠리다

잠시 숨 죽이고 하늘의 눈치도 본다

이런 들꽃 망초꽃이 나는 좋다
들꽃 같은 사람이 좋다

당신의 소리가 되고 싶어요

풀잎 찾는 들길로 가서
아지랑이 먼저 피워 올리고
대지를 두드려 봄을 일으키는
당신의 소리가 되고 싶어요

도시의 길 가로수에
가는 율동을 붓고
푸른 생명의 꿈 전하는
당신의 소리가 되고 싶어요

어디서나
당신의 소리로 살고 싶어요

울먹이는 영혼들
꽃나비 춤으로 위로하고
여린 가슴에 믿음을 일으키는
어질고 아름다운 소리로 말이에요

노을

나도 한 번은
저렇게 타오르리라
저보다 더 벌겋게
찬란하게 떠오를 것이라

어느 일몰보다 더 붉은
오늘의 저 핏빛 하늘

한 별이 탄생시킨 예술가의
신비로운 굴뚝에서
모락모락 피워 올린,
저 사무치게 황홀한,
일생을 걸어도 부족할
최후의 걸작

하늘과 지평선 닿은
빛과 빛깔에 둘러싸여
나도 한 번은
눈이 부시게 날아오르리라

점점 왕들 대관식보다 웅장하게
하늘의 권능으로 일어서리라
그런 다음에는
한국에서 가장 아름다운 길
4월 섬진강 벚꽃길보다
희고 향기로운 하늘길
사뿐사뿐 밟으며
선녀처럼 나아가리라

그 길은 해와 달과 별들이
지그시 눈을 감을 것이다
세상 모든 잡음 삼켜지고
가슴 속 눈물 근심
남김없이 지워질 것이다

오직 양들을 불러 모으시는
목자의 음성에
결단코 나는 두 팔 번쩍 들고
마력처럼 들리어 가리라
구름 사이 길 드러난 하늘나라로……

주여, 그렇게
나를 잡아 이끄소서

2

겨울비에 생각하다

겨울비에 생각하다

차가운 빗줄기에
누군가의 따뜻한
눈물방울 섞여 내리면
언 땅이 다 풀릴까
흐르는 빗물 속
그 귀한 한 방울의
눈물 떨어져 내리면
지면 깊숙이 스며든
세상사의 뿌리까지
빠짐없이 녹아질까

아, 누가 있어
이 계절 제물이 되어
허공 가득 채운
저 어둠 거둬낼 것인가

어느 애통함이 있어
서로의 닫힌 가슴 열고
꽤 먼 곳을 돌아
꿈들이 맞닿은 지평선까지
봄 아지랑이 피게 할 것인가

비바람의 이유

하늘의 자락
큰 검으로 자르듯
거센 빗줄기 뚫고 내려와
처마 끝 들이치고

뇌성이 바람벽을 때려
등골이 싸늘해질 때

산 다람쥐 둥치에 숨고
하늘의 별들 눈 감았지
들꽃은 숨죽이었다

누군가의
진실한 고백 한마디가
필요한 순간이다

조팝나무

화려한 벚꽃 잔치 끝날 무렵
들녘 사방 고요한 곳에
산비둘기 울음소리 들리고

조팝나무 가는 가지들에
구순에 이르신
우리 어머니 마음 가득 담아
꽃 무더기로 피었더니

잔치 끝 바람 다시 만나
춤사위 시작한다

이른 봄 진달래

꽃샘추위는 두렵지 않아

엄동 이기고 나온 기쁨 너무 커서
그까짓 시새움 따윈 아무렴 어때

앳된 속살 드러내며
전신을 흔드는 건
마음에 이는 봄바람 때문이야
그립던 이 만날 것 같은
두근거림 때문에

시린 허공에 붉힌 볼 감추느라
살래살래 능청 떠는 중이지

가을 길

가을 길은
여행처럼 멀다

첨단 숲길을 보라
영산강을 거슬러 가는
석양의 그림자들
길고 느릿하게
목백합 가로수 사이를
한없이 지나고

걸음 걸음 상념들은
낙엽으로 내려와 눕다가
바람을 만나서
서서히 굴러간다

가을 길은
하늘 구름 떠 가듯
아득하다
길이 끝나는 지점에
또 새 길이 이어짐을

모두가 잘 안다

고독처럼 길고 먼
가을 길

서리꽃

뉘 입김 피워냈겠나
신억실 산 아래
춥고 어둔 방
마른 꿈 떼내려 뒤척일 때
나의 병상에 누가 있어
아롱아롱 속엣말 불어냈겠나

외로움만 더해가던
별하늘의 밤
누가 있어 더불어
차가운 입 열었겠나

기다리다 지쳐 엉긴 영혼처럼
차게 낯설게 핀 서리꽃이다

개망초

날이 더웠다
어린 아들 녀석 계속되는 투정에
애통 터져라
밭두렁에 죄인처럼 쪼그려 앉은 어머니
호미 날로 잡초 뿌리 힘껏 내리찍는데
질기고 무성한 개망초들이
어머니 탄식 소리 들으며
무수히 찍혀 나갔다

그 줄기에 붙은 개망초꽃들은
눈치코치 없이 환하게 웃고
어머니는 아들을 돌아보더니
이렇게 말했다

이 개망초 같은 녀석아
너 성질 좀 낫낫해지거라

넘어진 플레임트리
-불꽃나무

사이판에서 본 플레임트리 한 그루
큰 덩치에 뿌리가 뽑힌 채 쓰러져 있다
작년 태풍 때문이라는데
새싹이 트고 이파리가 많이 나왔다
넘어진 그 자리 그대로 두고
사람이 하는 일은 잡초와 덩굴 제거뿐이다
그것이 당국의 뜻이고 하늘의 뜻이란다

세상 풍파에 지쳐 있는 그대
뽑힌 나무에서 들리는
기도 소리 한번 귀 기울여 보게
우리를 먹여 기르는 이
언제나 따로 있음이라
몇 안되는 저 여린 잎들의
불꽃 합창 소리 들으며
그대 주저앉은 꿈도
다시 일으켜야 하지 않겠는가

개울

주신 대로 받아서 흘러갑니다
흘러 들었다가 흘러 나갑니다

바람이 찾아오면
바람을 껴안고 출렁이며 갑니다
내게 수다를 걸어오면
수다 사이를 졸졸 소리 내며 지나갑니다
꽃잎을 띄우면 받쳐 들고 갑니다
상한 마음도 노래도 받아 갑니다
고을마다 풍겨오는 삶의 이야기들
모두 품에 담고 가만가만 흘러갑니다

나는 갈 곳이 많답니다
길이 다 드러났어도
갈 곳은 더 있습니다
갈라진 대지 틈을 빠짐없이 지나며
어루만져야 할 곳이 더 있습니다
막힌 길 스며들어가
눈물 씻기고 사연 들어봐야 할 곳이
아직 많이 남아있습니다

산국(山菊)

산 넘어가는 구름을 보며
무상함에 젖지 말고
텅 빈 가을 들길 지날 때
지나치게 슬픈 노래는
따라하지 마라

네 이웃을 뒤에 남겨두고
바람에 구르는 낙엽처럼 떠나지 마라

외로워하지도 마라

추운 계절 잘 참고
오랜 날들
모질게 견디어야 하느니

가을살이 위하여
새로 피어난
산국(山菊)처럼 강해지라

서릿발 서는 날에도

고운 표정과 향기 잃지 않는 것이
오상고절의 기개니라

MRI 촬영실

속단추 끄르고
저를 보여 드립니다
세월에 아롱진 부끄럼들
낱낱이 조사해 주십시오

아픈 곳도 있고
죄도 있을 거여요
근심은 갈래갈래
실개천을 이루었겠지요

저의 모두를 보여 드립니다
눈물도 보여드립니다
눈물의 근원과 사랑에도
판단 한 번 해주십시오
그리고 당신의 손으로
다 지워주십시오

남들이 보기 전에
당신의 빛깔로
곱게 덮어주십시오

백년사 동백

네 분홍 얼굴 눈이 부시다
누굴 기다리는지

꽃송이 따서
금발머리에 꽂고 다녔다는
소설 속 어느 연인인지

그러나 어쩐다지

몇 밤 지나 눈물방울로 뚝, 뚝
네 그리움과 함께 떨어져야 하는 것을
백 년의 지조도 한 시절 아픔으로
끝맺음해야 하는 것을

바람아
여기 불지 마라
동박새야
너 좀 가만 있거라

녹즙

녹즙을 짭니다 하루 두어 차례
케일 돗나물 민들레 양배추 돌미나리에다
가지 연근 당근 감자 배를 쪼개 넣고
요란하게 돌립니다
모터 소리 웽, 하고 방안을 진동할 때
아내는 정신이 없고
점점 손놀림 빨라지는데

푸른 잎 뻣뻣한 것 짓뭉개지면서
청춘들 싱싱하게 죽어 나가고
장사의 기운도 지워지는 시간
혈기 정욕 다 찢기는 고난을
억세게 당하더니
서로 껴안고 눈물방울 범벅되어
뚝뚝 떨어집니다

그렇게 만들어진 녹즙 한 컵
건네오며 눈을 감는 아내
나도 저들처럼 부서지라는 것일까
가슴에 잡초같이 자라 무성해진 것들

다 놓아 보내고 아무 저항 없이
한 방울 물과 피로 녹아지라는 것일까

3

수선화

수선화

수선화,
강이 있는 작은 언덕
귀한 집 자매들인가

티 없이 맑은 얼굴로
한 곳에 모여 있다

몸가짐 말씨가
너무 반듯해도
사랑하기 힘들다는데

속내에 남은 자존심에
눈빛이 다소 비상해 보이나

봄바람에 한들거리는 모습
곱기는 여전하여라

구절초

시골집에서 나오는 들길의
가을빛은 언제나 조금 쓸쓸하지
거기서 만난 한 청년에게 물었다
'너 그 여자 어디가 좋니'
청년은 '착해요'라고 했다
여자에게 물었더니 같은 대답이다
'그인 너무 착해요'

서로를 착하게 보는 세상이어서
오늘도 그곳은 나비가 날고
구절초 무더기로 피었나 보다

쓸지 않는 낙엽

첨단 공원 길
두껍게 쌓인 낙엽
아직 쓰는 사람이 없다
덜 죽었다는 이유에서다

계절은 어김없이
겨울로 향하고 있는데

떨어져 누운 낙엽에서
애틋한 삶의 이야기
스멀스멀 피어오르기에
쓸어내지를 못하는가

아, 낙엽으로 떨어지고
깨끗이 죽어져야
나무는 다시 산다고 했지
그래서 땅에 버려진 채로
아직 숨이 붙어 있는 동안은
온 세상 수목들
장례를 기다리느라

전에 없이 숙연해졌느니…

우리에게도 늘
시간이 좀 더 필요했다
죽어지는 거 정말 쉽지 않아

너와 내가 서로를 바라보며
태워버렸어야 할 편지들
양손에 움켜쥐고
망설이던 날들 있었지

바람에 구르며
다른 낙엽 위에 눕는 낙엽

수목들의 엄숙함이 더해진다
그들의 장례는 곧 시작되리라

함덕 해변

가시밭 인생 길
독하고 쓰라릴 때
돌아오리라 이곳 해변으로,

외로움 두 눈가 짓누르고
먹구름이 가슴을 덮을 때
쪽빛 하늘 밑
에메랄드 물결 접는 이곳
함덕해변으로 꼭 돌아오리라,

다짐하며 떠나던 날 엊그제 같은데
벌써 몇 해 지나고
햇살 쏟는 여름이 되었어라

큰 파도가 와서 네 속 뒤집어놓고
거센 겨울바람 어김없이 몰아쳤겠지만
너는 그간에 잘 단련된 표정으로
사철 포근한 꿈
모락모락 피워내고 있었구나

사랑이란, 누구나 다가갈 수 있는
여기 바다 같고
바닷가 소나무 언덕 그늘 같아야 한다

누구나 편하게 응시할 수 있는
푸른 하늘 같고
조금의 상큼함과 설레임이 감도는
에메랄드 물결 같아야 한다

우리 인생의 모든 것들이
다 그렇게
조금은 두근거리면서
서로의 따뜻함 잃지 않았음 좋겠다

구름 미학

하늘에 꿈을 스케치하는
나의 친구
긴 세월 변함없는 빛깔과 형질이
내겐 설지 않아
틈나는 대로 이끌리어
강가로 간다

미세먼지에 세상이 뒤덮일 때
너는 불 꺼진 극장 같은
먼 하늘 뒷쪽
은밀한 곳에 들어갔다가

오늘 같은 날 세상이 밝아지면
거대한 입이 열리면서
뭉게뭉게 함박웃음 짓고 나와서는
옥빛 무대 위
느릿한 춤사위를 띄운다
나는 맨 앞줄 관객이 되어
깊은 감흥에 빠져들지

솜처럼 보드라운 뭉치로
두둥실 모이고 흩어지며 펼치는 건 무엇이니
자주 하늘 바라보는 아이에게 줄
착한 마법의 성이니

목마른 영혼들 위해
바다 속 수증기 뽑아 올리느라
사뿐사뿐 너울거리고 있는 거니
백만의 양떼들 이끌고
약속의 나라 향한
설레임의 여정에 오른 거니
말해주렴

해바라기 연가

바람이 찾아와 치근댄다고
개구장이 톡톡 건드린다고
흔들릴까 보냐
한번 정한 자리 뜰까 보냐
남새밭 울가 몸 세우고
임에게만 향하여 눈 뜨고 있는 것을

다사로운 미소가 쏟아져 내리는
임 계신 쪽을 바라보고 싶다
고운 볼 내밀어 실컷 쪼이고 싶다
고개 뒤틀리고 허리 좀 굽는다고
이렇게 서 있는 걸 포기할까 보냐

저녁놀 타올라 시야를 가릴 때도
한 점 실망은 말아야지
그림자 늘려가며 꿈꾸면 되는 거다
눈물의 기억 땅에 묻어버리고
또 한 새벽 기다리면 되는 거다

가을 비

여러 날 이어지는
올 가을 비
반나절 쯤 내리다 그치고
다시 내리기를
반복하는데

이런다고
마음에 물든 얼룩들
다 지워지겠니
몇 계절 쌓였던 상처
모두 씻겨내릴 수 있겠니

곧 뒤따라 오는 삶들
앙상한 가지로 남아
외로움만 더해갈는지
누가 알아

이른 봄 산에

산 냄새 그리워
이른 봄 산에 올라
이맘때쯤 제비꽃 피던 자리
풀숲 속 찾았다가
보라빛 꽃 이파리 찾지 못하고

발걸음 돌려
바위 틈에 긴 목 늘이고 나온 진달래 만나
한들한들 꽃바람 인사 듬뿍 받았지

앳된 미소 정겨워라
다소 붉힌 얼굴 고운 자태로
덜 깨어난 산천초목 불러내고 있는 거다

봄기운 허공에 닿아
뭉클해지는 해질녘
접동새 울음 시작되었는데

접동, 접동
세상 어딘가엔 아직

혹한의 삶에 갇히어
돌아가지 못하는 이 있을거야,
춥고 외로움 타는 이 참 많을거야,

이맘때쯤 내 실핏줄 속에도
끊어졌다 이어졌다
서서히 번져드는,

깨우고 다가서고 위로하라는
봄의 전언들

2월

말 많고 탈 많은 세상
넌 별난 가을바람보다
차라리 변함없는 설한이
견뎌내기 쉬울 거라 큰소리쳤지

그리고선 의연히 떠밀려가더니

그새 득도라도 한 거냐

온갖 핀잔 들어가며
봄동 키워내는 들녘과
티 안나게 흐르는 강이 되어

황막한 대지 위로
다시 돌아왔으니

3월 목련

너무 일찍 나왔습니다
누군가와 약속이라도 있었나요
찬 공기 속 당신 얼굴이
작년보다 더 고아합니다
세상은 거칠고 험해도
당신은 겨우내 앓던 영혼들 모두 품고
곱고 정갈한 얼굴을 드러냈습니다
그리고 낡은 세상을 향해
아름다운 품격과 진실을 훈계합니다

나는 당신 앞에서
해마다 늙어가고 있는데
당신은 더욱 젊어집니다
나는 당신 앞에 쩔쩔매고
때론 부끄럽기도 하는데
당신의 미소는 한결 따뜻합니다
당신은 백의의 천사로 와서는
내 삶의 구석까지 환히 비춰줍니다

고추잠자리의 환대

아직 여름 더위 한창인데
해 질 무렵 영산강 둔치에
자전거 라이딩 나갔더니
개망초 기생초 길가에 줄 세우고
매미들 소리 질러 분위기 돋구면서
계속되고 있는 고추잠자리들의 활공

참, 나는 대단한 환대를 받고 있었다
어림잡아 30마리쯤 될까
고추잠자리들 일제히 몰려들어
춤을 추며 반기는 것이다
지나가는 라이딩족들도
동심 가득한 얼굴로 인사를 한다
이 정도면 가히 국민 환대다
아브라함의 환대함이 이러했던가
누추한 나그네를 보고 반가워서
문밖까지 달려 나갔다고 했지
아흔아홉 노인의
순수함과 섬김이 놀랍다

고추잠자리,
나 한 사람에 집중하며
충성스런 내시처럼
근거리에서 뱅뱅 수종든다
가끔씩 사뿐히
나 잡아 봐라, 뒷걸음질도 친다

수평선

멀게만 느껴지고
아득하게 보이지만
알고 보면
그리 먼 것도 낯선 것도 아니다

제주도 해변 라이딩 중에 보는
하늘과 바다는
용두암 모슬포 서귀포 어디를 가나
다정하게 손을 잡고
푸른 영역을 표시하고 있는 것을

그것은 가끔씩 우리의 사랑과 다툼이
함께 달려가서 넘실거려도 괜찮은
커다란 포용의 장
또는 길을 멈추고 서서
저물도록 저물도록 바라보아도 되는
그리움의 공간

그래서 이곳 사람들은
걱정하는 만큼의,

서로를 떠나지는 못하는 것이다
보이는 법환포 바다 끝 저기
생각이 닿는 저 벽을 차마 넘어서지 못하고
고기잡이배들
괭이갈매기 앞세우고 돌아오듯이
저물녘 기다림 속으로
모두가 돌아오고 있는 것이다

코스모스

강변 길 코스모스
꽃씨 누가 뿌렸을까
한 아가씨의
수줍은 사랑 같은 꽃
폭염 속에 피어
종일 소리 없이 웃는다
바람 한 줌이라도 붙들어
잠자리 앞세우고 춤도 춘다

약해보이나
결코 꺾이지는 않을
네 푸른 얼굴빛으로
모두에게 다가가고 싶다
긴 장마 무더위와 손잡고
다가오는 가을하늘의 쓸쓸함과도
고운 정 나누며 친해지고 싶다

빗물

햇살과 실바람에 쓸어 담아 올린 것들
구름 속 깊숙이 간직하시었더군요
들길 봄 아지랑이 감아 나른 사연들
허공 저편 함께 모아 두시었더군요

하늘 물보자기 터트리던 날
가슴 속 천둥 번개 함께 울고
처마 끝 자라던 맥박 소리 커지면서
감춰진 옛날들이 놀라 뛰쳐나왔습니다

혈관에 고여오던 애증의 세월들
모조리 빠져나와 흘러내리었습니다

한동안 개울에 떠비치고 맴돌았습니다

달개비

북일 오산리 들어가는 길가
푸른 하늘보다
더 푸른 눈 가진 풀꽃이 있어
너 누구지, 하며
다짜고짜 다가가서
뚫어져라 바라보니까

난 아저씨를 잘 알아요,
어제도 여길 지나가셨잖아요,
다 보아왔어요,
푸른 입술에서
이 소리가 나는 듯

세상에서 가장 작고
가장 독특한 개성파
달개비 꽃이다
땅을 헤집고 나온
꼬마 별님들

잡초와 널리 어우러져

어디서나 볼 수 있고
어디서나 같아지기를 거부하는
유별난 디아스포라의 자존심

가끔은 푸른 눈 치켜뜨고
항언도 잘하지
바람이 조금만 불어도
여린 몸 흔들며
마구 대드는 저 기세
바람은 알까 모를까

서귀포 바다

좁은 가슴에 퍼담을 것 많아
기억하고 싶은 것들 한꺼번에 밀려들어
생각을 접고 차라리 서성케 하는 바다

큰 하늘 잘 찍힌 파란 동화 교실처럼
섬 그림자 몇 개 띄우고
억만의 물결들은 눈이 부시도록
햇살에 깜빡거리는데
무료해지면 바람을 불러내기도 한다

그 바람에 닿아 섞고 섞이는 바다
고민도 갈등도 함께 뒤섞이며
소곤거리듯 들려오는
삶의 이야기 같은 것들

또는 찰싹이는
어느 신음소리 같은 것들

가끔씩 깊고 깊은 품 속에
세상 희로애락 끌어안고 있다가

몸살이라도 났던 게지
어쩌면 인생들의 꿈 도맡아 짊어지고
애가 타서 허덕이고 있는 거다

이윽고 멀리 수평선 또렷해지면서
우리 서로 마주보게 하더니
마음의 약속 조금씩 남기고
사랑도 조금 덜어내고
결국은 모두 떠나가게 하더라

성산리 해변에서

철썩철썩
저물녘이면 요란해지는
성산리 바다
멀리 한치잡이 배들 떠 있고
한나절 기다리던 길가 문주란 꽃
밝은 얼굴로 나와서 길을 막는다

사진 한 판 찍자고
성수 목사, 춘재 형제, 나 셋이서
나란히 서 있을 때
철썩철썩 쏴아
시원한 바람 보내오느라
더 소란스러워진 바다

하늘 가리던 구름
파도 소리에 놀라 물러나니
구름과 씨름하다 나온 달의 얼굴
유난히도 해맑고 예뻐라

철썩철썩, 이제는

나에게도 할 말 있는가 보다
오늘 밤 꼭 해야 할 말 있다고,

미련한 나는 알아듣질 못하는데
밤 깊을수록 가슴에 대고
마구 치는, 저 철썩이는 소리

서창, 억새의 노래

가을바람은 모두
서창 들녘에 몰려든다

억새의 노래 들어보면 알지
한해의 아픔들이 바람 속에
얼마다 절절히 녹아 있었는가를

여기서는
쓸쓸함도 자랑이 된다
쓸쓸함이 모여서
아름다운 합창을 이루기 때문이다

억새의 노래 들어보면 알지
하늘 끝 지평선에 황혼이 피어오르면
우리들의 들녘은 더욱 사무치리라
억새에게서 흐느끼는 소리가 나리니

그대여, 그대는 가을 어디에서
이 소리 듣고 있는가

4

이팝나무 꽃

이팝나무 꽃

조팝꽃 지고 이팝꽃 피었네

거리의 가로수에 흰 쌀밥이 수북

칠남매 먹이느라 배가 고프시던 어머니
보릿고개 지나서도 일 년 열두 달
어머니 그릇은 늘 빈 그릇

이팝꽃 가로수에 어머니 얼굴 피었네

내 새끼 밥 먹었느냐
거듭거듭 확인하시던 어머니

가득 퍼 담으시던 사랑
하얗게 하얗게 피었네

설날의 생각

할머니 계시던
옛날 그 집

까치가 날아오르며
굴뚝 연기 낮게 드리워져
핥고 지나던
거기쯤

눈 녹아
새해 꿈이 열리고

세배 드리러 오가는
아이들 설레이던

그 집
생각이 난다

어머니

해마다 겨울 방학이면
외갓집 가는 길
회사촌 앞 황룡강보
조심조심 밟고 지나갈 때

거기까지 따라오신
어머니

언 강물 속에 첨벙첨벙
두 발 내려 딛으시며
내 손목 꼬옥 잡아
반듯하게 세워 주시었지

외할머니 말씀 잘 듣고
동네 애들과 싸우지 마라,
당부하시며
걱정해 주시던 어머니

그 시리고 젖은 발목
내 눈에는 보이지 않았다

따뜻한 눈빛 때문에
어머니 손과 발이
언제나 따뜻한 줄 알았다

일생을 시리고 젖어 사시던
우리 어머니

밥상머리 다툼

다툼은
어머니가 차려주신 밥상의
굴비 두 마리 때문,
아주 크고 맛있는 굴비다
그중 한 마리
어머니 앞에 놓아드리자
고개를 흔들며
사양하시는 어머니
거듭거듭 권해보았지만
완강히 거절하시기에
답답해서 나도
이런 밥 안 먹을 거요
거칠게 밥상을 밀쳤더니

놀란 어머니
알았다 알았어, 하시며
굴비 한 마리
밥상 밑으로 가져가서는
한 점씩 떼어
입에 넣는 척 하다

내 접시에 다시
살짝살짝 보태 놓으시는데

못 말려, 우리 어머니…

내가 졌다
이런 싸움 내가 이길 수 없음을
첨부터 몰랐던 건 아니지만

<u>스스</u>로 주리시고
천한 자리만 찾으시는
우리 어머니에게
내가 또 졌다

찔레의 추억

개울가는 온통
찔레 천지다
그때도 그랬다

나 그 앞에서
찔레 향하여
자신 있게
손 내밀던 시절

그도 내 앞에서
조심조심
하얀 손 내밀다 그만
상처 입은 손가락

입에 대고
가만히 울먹이었지

입에 대고
가만히 바라보았다
어린 봄날이 가는 것을

찔레의 계절은
그렇게
가슴에 들어왔다

봄비

봄비가 내리면
봄이 내게로 들어온다

봄 안개, 봄 추억보다 더
때론 짙은 그늘 같고
때론 몹시 쓴 약 같은 그리움도
추적추적 흘러들어
온몸을 한나절쯤 적시고 간다

내 나이 스물넷, 초임교사 시절의
TV드라마 '봄비'의 한 장면
빗물 흐르는 창을 사이에 두고
두 연인 서로 울다 돌아서는데

두고두고 그 모습 내게 남아있는 건
그 시절 내게 새로 시작되던 아픔들이
드라마 속 눈물만큼이나 깊었던 때문일까

봄은 해마다
봄비로 사람을 적신다
아픈 곳을 더 쓰리고 아프게 한다

전라도의 강

강은
갈 바를 모르고 가는 푸른 백치 같더라

크게 한 번씩 그것도 메아리로 토해내던 것 말고는 정말 달라진 것이 없더라

세월이야 지금에 와서도 밤의 달 그늘 빠짐없이 쓰다듬어, 울다가 웃다가 모진 꿈도 꾸는데

우리가 서 있는 빛고을
횡, 횡 지나가는 무거운 차량들 그 울림에
죽었다 혹, 되비쳐 올까
참 아찔하고 그립기도 한
광주천의 옛날들이여!

그러나 이제는
모든 것이 모든 것을 밀어내는 습관이 되어
서로를 보며 가끔은 울컥거리기도 하지만
강은 백치처럼 말을 잃고 흘러만 가더라

제야

하늘땅과 산천초목이
옷을 갈아입는다

북풍한설도
허공 깊숙이 숨은 달을 찾아
소리 없이 여위었고

큰 이별에 이끌리듯
모두 전설처럼 아련해져가는
섣달그믐이다

겨울산

종일 말이 없다
견디느라 힘이 들겠지
그러나 더 참아야 한다
산허리 삭막한 나뭇가지들
모두 싹이 트고
살이 오를 때까지
묵묵히 더 기다려야 한다

너에게 듣고 싶다

계속되는 겨울 몸살로
기진맥진해진 나는

추운 바람
온몸에 받으며
깊은 데서부터 고요히
봄의 혁명을 비축하는 길을
너에게 듣고 싶다

하늘

너무 깨끗한 하늘

손바닥만한 구름 풀어
얼굴 가리더니
실바람 일으키며
시침을 뗀다

다시
구름 거둬들이고
얼굴 드러낸 하늘

이제는
산과 들과 도시를 품고
하늘처럼 살라,
하늘처럼 살라,
날이 저물도록 타이른다

벚꽃

벚꽃,
좀 따뜻해지니까
하룻밤 새 온통
지들만의 세상으로
바꾸어놓았군

쪽수로 까불대는 본성이야
개나리도 여간 아니지
집단 따돌림 한다고
벚꽃한테 몇 번이고
고소장 내밀어 봤겠지만

애들아
좋은 날에 싸우지 마라
짓밟히면서도 미소 잃지 않는
민들레 좀 본받으라

세밑 눈

눈이 내린다
간밤에 하늘에서부터 온몸으로
계절을 끌어안고 씨름하다
끝내는 희고 곱게 부서져 내리는
저 산산조각

어느 정숙한 여인의
흰 실오리 같은 미소 자락들이
허공 가득히 함께 나래질치는,
정겨우면서도 얼얼한
세밑 언어들 보라
모든 사람들 어깨 위에
살며시 속삭이며 내려앉는다

조금 있으면
지면에도 쌓여서 밟히며 버티다가
결국은 모든 걸 내어주고
사라져 갈 거라고

새 날을 향하여 가는 길목

다시 한번 이런 내가
으깨어지고 죽어져야 할 거라고
그러니 너도 잊어야 할 것
오래 붙들고 있지 말라고

정말 시리도록, 시리도록
아프게 다가오는
다독임들

세밑, 눈이 내린다

구절초 골짜기에서

옥정호 돌아 흐르는 곳
그리움이 여러 구비로 피었나보다
그 꽃 가운데 앉아서
사진 한 컷 찍어 달라는 당신
몸 낮추고 미소 지어봐
감춘 정 다 찾아 얼굴에 띄워 봐
당신 모습이 구절초 같다

꽃을 찾는 사람은
꽃을 닮는 법
그래
우린 지금부터
구절초로 자라가는 거야
별빛 손을 뻗쳐
서로의 가는 마디 붙들어 주며
계절의 끝자락까지
향 나는 모습으로 피어나는 거야

|해설|

기독교적 세계관과 자연의 수사학
- 주조아 시집 『비밀의 만남』

강 경 호
(시인, 문학평론가)

1.

　문학의 효용성은 자신만의 세계에 이르고자 하는데 그 목적이 있다. 다르게 말하면 구원에 이르고자 하는 가치실현이다. 여기에서 '구원'은 꼭 기독교에서 이야기하는 하나님 나라에 이르는 것만이 아니라, 사람에 따라 자신이 소망하는 것을 이루고자 함이다.
　세계는 모순과 부조리, 갈등, 불화로 얼룩져 있다. 이러한 현실 속에서 특히 서정시는 자아와 자아 사이, 자아와 세계 사이의 간극을 없애고 하나가 되고자 한다. 즉 서정시의 본질이자 효용성은 동일성 회복이다. 특히 우리 사회는 자본주의라는 시스템에 의해 작동되고 있는 현실이어서 자본주의의 그늘에 놓여있는 수많은 모순을 극복하고자 하는 것이 오늘 우리 시인들에게 부여된 가장 큰 책무이다. 그런 까닭에 수많은 시인이 가열차게 현실에 드리워져 있는 다양한 제 문제를 시적 화두로 삼아 시를 형상화하고 있다.

이러한 현실의 바탕 위에서 서정시를 쓰는 것이 우리의 현실이지만, 주조아 시인의 시편들은 그것들을 비켜 가고 있다. 하나님의 종인 목회자라는 신분으로 삶을 헤쳐 나가기 때문이다. 기독교적 세계관에 기대어 서정시가 추구하는 동일성에 이르고자 한다. 그러므로 그의 시는 하나님과 하나가 되어 구원에 이르고자 한다는 측면에서 서정시의 본질을 관통하고 있다.

이러한 시 한켠에는 이른바 '자연의 수사학'이라고 말할 수 있는 꽃과 나무 등 자연을 통해 생명의 환희와 위대함을 노래하고 있다. 이들 시편의 대부분은 하늘과 땅을 지으시고 꽃과 나무에 생명을 불어넣어 주신 하나님의 능력과 믿음을 시적 배경으로 삼는 경우도 있다.

더불어 인간 김홍섭(주조아 시인의 본명)의 고향, 특히 어머니에 대한 추억을 회고하는 시편들에서 지극한 인간적인 그리움을 담담하게 형상화하고 있다. 가난했던 시절 어머니의 헌신과 사랑이 주된 정서이다. 그리고 그리움의 서정을 보여주는 또다른 시편들에서는 젊은 날의 아름답지만 아픈 사랑에 대한 추억도 자신만의 언어로 아름답게 노래하고 있다.

참으로 오랜만에 주조아 시인과의 인연이 또다시 닿은 것에 대해 나는 내 가슴 밑바닥에서 뜨겁게 과거를 소환한다. 20여 년 전 그의 첫 시집 『이제 나의 이름을 지우겠습니다』에 안타까운 마음으로 해설을 쓴 적이 있다. 이 시집은 몹쓸 병과의 투병 생활 속에서 쓴 시편들이어서 절대자인 하나님에 대한 자신의 신앙고백을 보여주고 있었다. 나약한 자신의 존재를 인식하면서 하나님께 사랑을 간구하며, 하나님을 통한 영원한 생명성을 얻어 구원에 이르고자 하는 눈물겨운 고백에 필자는 오랫동안 그 감동의 물결이 출렁거렸다.

20여 년이 지난 오늘, 주조아 시인은 건강한 육신과 정신으로 더욱 견고하게 다져진 언어들로 무장하고 나타난 그의 작품들은 보다 높은 시적 완성도로 성장한 문학성을 보여주고 있어 반갑다.

2.

오랜 세월 시를 써온 시인이라고 해서 모두가 훌륭한 시를 쓰는 것이 아니듯, 오랜 시간 하나님에 대한 믿음으로 살아온 사람도 신앙적인 완성에 이를 수 없는 것이 인간의 한계이다. 그러므로 끊임없이 하나님께 믿음을 고백하고 하나님을 닮고자 하는 기도를 하는 것이 신앙이다. 그런 까닭에 '쉬지 말고 기도하라'고 하는 것이다. 시인 주조아의 기도는 통성으로만 나타나는 것이 아니다. 묵상으로 기도하는 것만이 아니다. 그는 시인인 까닭에 그의 시는 기도로도 나타난다.

흐르는 구름 뒷편
푸른 하늘을 펴고
종일 나의 시선 매다시는 주님
우리들의 시간과 그리움이
한 번도 닿은 적 없는 아련한 창공에
새들을 띄우시고
투명한 선으로 구만 리 길 그으시다가
금세 날갯짓 일으켜서 지우시는 주님

어디 계신가요

어둠이 오면
병약한 내 가슴의 갈망 짙어가는데

발밑에 달그림자 길게 펴시고
꿈을 일러주시며
홀로서라 하시는 주님

어디 계신가요
 -「어디 계신가요」 전문

  소만(小滿)은 24절기의 하나로 5월 21일경이다. 이때쯤이면 봄이 무르익는 무렵으로 꽃이 만발하고 신록이 한창일 때로, 일 년 중 가장 날씨가 좋은 때이다. 그러므로 하늘에는 새들이 날아다니고 자연은 한창 생명력을 뿜낸다. 이처럼 봄이 무르익는 때 푸른 하늘에 새들이 날아다니는 모습은 그냥 계절의 변화만은 아니다. 모두가 세상을 만들고 주관하는 하나님의 힘이 작동한 것이다. 그러나 시적 화자는 하나님의 모습을 볼 수 없어 "어디 계신가요"라고 하며 하나님을 찾는다. 시적 자아는 "병약한 내 가슴의 갈망이 짙어가"고 있기 때문이라고 고백한다. 하나님은 "발밑에 달그림자 길게 펴시고" 낮과는 다른 풍경으로 시적 화자에게 "꿈을 일러주"신다. 그리고 "홀로서라" 하신다. 그럼에도 미혹한 시적 화자는 하나님의 모습을 보지 못하고 "어디 계신가요"하며 하나님을 찾는다. 이 작품에서 시적 화자는 온전하게 하나님을 보지 못하는 존재이다. 그러면서도 하나님을 갈망한다. 아직 신앙에 대한 믿음이 흡족하지 않아 그것을 충족하고자 하는 욕망을 갖고 있기 때문이다. 이러한 상황은 두 가지 측면에서 이해할 수 있다. 첫째, 아직도 미흡한 신앙심, 둘째, 그럼에도 불구하고 신앙적으로 성숙하고자 하는 마음이 있다. 밝은 대낮에는 하나님이 지으신 세계, 자연은 하나님의 또다른 모습으로 현현함인데, 밤이 되면 하늘이 어둠으로 가려져 5월의 아름다운 모습을 보지 못함을 통해 "어디 계신가요"라고 묻는 것이다. 이는 앞에서 밝힌 것처럼 더욱 성숙한 신앙을 위한 질문이라고 할 수 있다.

「산딸나무 곁을 지나며」는 여전히 하나님의 모습을 잘 보지 못하는 이유는 시적 화자가 "화려하고 요란한 것만/ 좇아가던 저의 삶 때문"임을 고백하고 있다.

산딸나무 곁을 지나며
당신을 생각합니다
꽃 이파리 네 개로 이루어진
십자가 모양의 흰 꽃송이들이
하늘 윗편 먼 나라에까지 닿을
당신의 신비로운 눈결 같아 보입니다

당신과 지금까지
시선이 마주친 적은 별로 없습니다
멀리서 보면 분명 당신이었는데
가까이 가서는 만날 수가 없었지요
당신의 참모습이 보이지 않았습니다

화려하고 요란한 것만
좇아가던 저의 삶 때문이었을까요
마음의 욕심 다 지우지 못하고 다가갈 때
당신은 누구에게나 한결같이
자신을 감추시는 것입니까

희고 순결하신 당신의 모습,
그것이 내가 당신 앞에
어김없이 숙연해지는 이유입니다
　　　　　　　　-「산딸나무 곁을 지나며」 전문

　모든 예술은 상상력을 바탕으로 한다. 서정시에서 상상력은 '언어의 힘'을 보여주는 아주 중요한 시적 요소이다. "산딸나무 곁을 지나며/ 당신을 생각"한다고 시적 화자는 고백한다. 이때 "꽃 이파리 네 개로 이루어진" 흰 꽃송이들에서 십자가를 떠올리고 "하늘 윗편 먼 나라에까지 닿을/ 당신의 신비로운 눈결"을 발견한다.

 산딸나무의 꽃송이가 십자가 모양이어서 하나님을 떠올리는 것은 시인이 목회자이기 때문이어서이지만, 산딸나무를 통해 "하나님의 신비로운 눈결"을 상상하는 것은 시인의 상상력에서 기인한다. 십자가 모양에서 하나님을 생각하는 일은 기독신앙인이면 가능하지만, 하나님의 눈결로 인식할 수 있는 것은 시인의 능력이다. 시적 화자는 지금까지 하나님과 "시선을 마주친 적은 별로 없"다고 진술한다. 뿐만 아니라 "당신의 참모습이 보이지 않"는다고 한다. 그것은 "화려하고 요란한 것만/ 좇아가던 저의 삶 때문"이라고 생각한다. 세속적 욕망 때문에 "마음의 욕심 다 지우지 못하고 다가갈 때" 아무리 깊은 신앙심으로 살아가려 해도 "누구에게나" "자신을 감추"는 것이 하나님이다. 하나님은 "희고 순결하신" 모습이지만, 하나님을 보지 못하는 사람은 "화려하고 요란한 것만/ 좇아가"기 때문에 하나님을 만나기 위해서는 산딸나무 흰 꽃송이에서 그것을 지으신, 그것으로 현현하신 모습으로 다시금 되돌아가야 한다. 자기 삶을 회개하며 성찰을 하고자 하는 신앙인의 모습을 아주 적나라하게 형상화한 작품이다.

기독교적 세계관을 보여주는 주조아 시인의 이번 시집에서는 세상을 주관하는 하나님이 자주 나타나는 특징을 보여준다. 「당신의 집」에서도 자연을 "당신의 신비로운 그 집"으로 인식하는 태도를 지닌다.

> 천 년 반석 위에 지어졌기에
> 바람 불고 홍수가 나도 괜찮다는
>
> 몇 세대가 지나도 흠이 없고
> 몇만 년 세월이 왔다가도 끄떡없다는
>
> 당신의 그 집
>
> 해보다 더 밝은 등이 켜진
> 눈이 부신 마을에 지어졌겠지요
>
> 아름다운 강변 따라
> 백만 가지 꽃이 미소 지으며
> 채도 높은 나비들
> 끊임없이 날아들고 있겠지요
>
> 두려움 없는 언덕에
> 오로지 말씀과 설계도를 따라 지어진
>
> 당신의 신비로운 그 집
>   -「당신의 집」 전문

기독교에서 하나님은 이 세상을 만들고 마지막으로 자신의 모습을 닮은 인간을 만들었다고 한다. 그러므로 하나님은 태초부터 있어온 존재이다. 더불어 하나님이 계시는 곳은 "천 년 반석 위에 지어"진 것으로, "바람 불고 홍수가 나도" 아무런 흔들림이 없다. "몇 세대가 지나도 흠이 없고/ 몇만 년 세월이 왔다가도 끄덕" 없는 그런 집에서 존재한다. 한마디로 하나님의 집은 영원한 것으로 불멸의 공간이다. 화자의 상상력은 영원불멸한 하나님의 집을 "해보다 더 밝은 등이 켜진/ 눈이 부신 마을에 지어졌"을 것이라고 상상한다. 좀 더 정리하면 하나님의 집이 있는 마을은 '천국'인 셈이다. 그곳은 "아름다운 강변"이 있고 그 강변가에는 "백만 가지 꽃이 미소 지으며" "나비들이" "끊임없이 날아"다니는 아름다운 곳이다. "두려움 없는 언덕과/ 오로지 말씀과 설계도에 따라 지어진" "신비로운 집"이다. 시인의 상상력으로 하나님의 집은 "바람 불고 홍수가 나도 괜찮"은, "몇만 년 세월이 왔다가도 끄덕 없"는 곳이다. 그러나 수만 년 동안 우리가 살아가고 있는 지상에서도 "아름다운 강변"에 "백만 가지 꽃이" 피었다 지고, "나비들이/ 끊임없이" 날아다닌다. 그렇다면 인간이 살아가는 지상이 바로 하나님의 집이고, 하나님의 마을인 셈이다. 그런데 그것을 보지 못하고 깨닫지 못하는 사람들은, 하나님의 집은 '특별한 곳'이라는 생각이 팽배해 있다. 이 작품은 역설적으로 하나님의 집을 보지 못하는 자들에게, 하나님이 바라는 천국이 바로 우리 곁에 있음을 말해주는 메시지를 준다.

이 밖에도 「당신의 소리가 되고 싶어요」에서는 "풀잎 찾는 들길로 가서/ 아지랑이 먼저 피워 올리고/ 대지를 두드려 봄을 일으키는", "도시의 가로수에/ 가는 율동을 붓고/ 푸른 생명의 꿈 전하는" 하나님을 닮겠다는 시적 화자는 "어디서나/ 당신의 소리로 살고 싶"다고 한다. 「당신은 누구십니까」에서는 "깨끗한 봄비와 꽃바람 보내시고// 고운 나비 풀어 춤추게 하시"는 존재가 바로 하나님이라고 역설적으로 말하고 있다. 「꽃을 보내 오십니다」에서는 "어떻게 사는 것이 행복한 삶인지"를 어리석은 인간들에게 깨우치기 위해 "꽃을 보내 오"고, "잡초 사이 오랑캐꽃이 피게 하"시는 분이 하나님이라고 한다.

이 외에 수많은 작품에서 하나님이 지으신 자연이 하나님의 모습이며, 선물이며, 인간을 깨우치기 위해 꽃과 바람과 텅 빈 허공조차 하나님의 손길 속에 있음을 노래하고 있다.

살펴보았듯이 주조아 시인의 시는 20년 전과는 아주 다른 시적 상상력이 펼쳐지고 있는데, 흔히 인간의 주변에서 만날 수 있는 것들로 하나님을 인식시키고, 깨닫게 하고 있다. 이전의 시편들에서는 절대자 하나님에 대한 믿음을 직접적으로 드러내었지만, 이제 견고해진 언어, 시적 사유로 기독교적 세계관에 대한 상상력을 작품성으로 승화시키고 있다.

3.

 이번 시집에서 또 하나 두드러진 주조아 시인의 시적 특성은 '자연의 수사학'을 노래한 시편들이다. 물론 앞에서 살펴보았듯이 주조아 시인의 시는 하나님에 대한 신앙고백과 더불어 여전히 완성하지 못한 신앙심을 드러내고 있다. 이러한 시편들은 하나님이 지으신 자연을 통해 하나님이 현현하는 상상력을 보여주고 있다. 그러나 기독교적 상상력과 별개로 수많은 꽃과 나무를 호명하며 이른바 '자연의 수사학'을 드러낸다는 측면에서 이번 시집에서 시인은 자연의 아름다움과 생명성, 슬픔, 연민을 보여주고 있어 아주 신선하고 참신하다.

> 강변 길 코스모스
> 꽃씨 누가 뿌렸을까
> 어느 산골 아가씨의
> 수줍은 사랑 같은 꽃
> 폭염 속에 피어
> 종일 소리 없이 웃는다
> 바람 한 줌이라도 붙들어
> 잠자리 앞세우고 춤도 춘다

약해보이나
결코 꺾이지는 않을
네 푸른 얼굴빛으로
모두에게 다가가고 싶다
긴 장마 무더위와 손잡고
다가오는 가을하늘의 쓸쓸함과도
고운 정 나누며 친해지고 싶다
- 「코스모스」 전문

　앞에서 밝혔듯이 시인에게 상상력은 언어의 힘을 보여주는 강력한 무기이다. 상상력이라는 말 속에는 '새롭다', '참신하면서도 적절한 비유'라는 의미가 깃들어 있다. 그러므로 시가 당연히 흥미롭고 감흥을 느낄 수 있다.

　시적 화자는 "강변길 코스모스"를 보며 해마다 피어나는 아름다운 모습에 "꽃씨 누가 뿌렸을까"를 생각한다. 세상의 모든 생명은 근원이 있기 때문이다. 이렇듯 아름다운 코스모스를 바라보며 시적 화자는 "어느 산골 아가씨의／ 수줍은 사랑 같은 꽃"이라는 상상력을 펼친다. 일 년 중 가장 무더운 날인 "폭염 속에 피어／ 종일 소리 없이 웃는" 모습에서 아름다움을 느낀다. 그때쯤 시원한 "바람 한 줌이라도 붙들어／ 잠자리 앞세우고 춤도 춘다" 바람에 흔들리는 코스모스에 앉은 잠자리의 모습과 더불어 코스모스가 춤을 춘다고 한다. 우리가 알고 있듯이 코스모스의 모습은

외관상 "약해보이"지만, "결코 꺾이지는 않을" 코스모스의 "푸른 얼굴빛으로/ 모두에게 다가가고 싶다". 코스모스의 아름다운 자태처럼 되어 자신을 내보이고 싶은 시적 화자는 청초하게 꽃을 피우고 있지만, 그러나 "긴 장마", "무더위"를 견딘 강인한 존재이다. 그런 까닭에 시적 화자는 "다가오는 가을 하늘의 쓸쓸함과도/ 고운 정 나누며 친해지고 싶"은 욕망을 갖게 된다.

다음의 「해바라기 연가」는 임을 향한 일편단심을 시적으로 형상화한 작품이다.

> 바람이 찾아와 치근댄다고
> 개구장이 톡톡 건드린다고
> 흔들릴까 보냐
> 한번 정한 자리 뜰까 보냐
> 남새밭 울가 몸 세우고
> 임에게만 향하여 눈 뜨고 있는 것을
>
> 다사로운 미소가 쏟아져 내리는
> 임 계신 쪽을 바라보고 싶다
> 고운 볼 내밀어 실컷 쪼이고 싶다
> 고개 뒤틀리고 허리 좀 굽는다고
> 이렇게 서 있는 걸 포기할까 보냐
>
> 저녁놀 타올라 시야를 가릴 때도
> 한 점 실망은 말아야지
> 그림자 늘려가며 꿈꾸면 되는 거다

눈물의 기억 땅에 묻어버리고
또 한 새벽 기다리면 되는 거다
　　　　　　　-「해바라기 연가」 전문

　대중적 상징으로써 '해바라기'는 이름이 말해주듯 '해를 바라보는 존재'이다. 그렇다면 우리가 알고 있는 대중적 상징으로 해바라기를 노래하는 일은 식상하다. 그럼에도 이 작품을 노래하는 방식의 새로움이 있어 새롭게 읽힌다. 이 작품은 전체적으로 의인화법을 구사하여 해바라기의 생명성을 강조한다. "바람이 찾아와 치근댄다고/ 개구쟁이 톡톡 건드린다고/ 흔들릴까보냐"라고 바람과 개구쟁이로 의인화시킨 해바라기를 건드는 외부 세력 앞에서도 의연한 모습을 유지한다. 해바라기는 "남새밭 울가 몸 세우고/ 임에게만 향하여 눈 뜨고 있"다. "한 번 정한 자리를 뜨지 않고" 오직 임을 바라볼 뿐이다. 그러므로 바람과 개구쟁이의 짓궂은 행위에 대해서는 개의치 않고 의연한 모습을 보이는 것은 임, 즉 해를 바라보는 데만 열중하는 것이 본연의 책무이고 의지이기 때문이다. 날이 흐릴 때는 해를 보기 어렵지만 "다사로운 미소가 쏟아져 내리는/ 임 계신 쪽을 바라보고 싶"은 것이 해바라기의 주체할 수 없는 욕망이다. 실은 대부분의 식물은 향일성이다. 해가 없으면 살지 못한다. 그럼에도 유독 해바라기는 햇빛에 "고운 볼 내밀어 실컷 쪼"여

탐스럽게 씨앗이 여물어 간다. 그런데 아침이 오고 낮이 지나 해를 볼 수 있었지만, "저녁놀 타올라 시야를 가"리게 된다. 그럼에도 실망하지 않는다. 오히려 "그림자 늘려가며 꿈꾸면 되는 거"라는 강인한 의지를 내보인다. 결국은 저녁이 가고 나면 새벽이 오고 해가 뜬다는 것을 해바라기는 알기 때문이다.

서정시는 희망을 노래함으로써 독자들에게 새로운 미래를 꿈꾸게 한다. 그런 측면에서 해바라기의 하루, 또는 일생을 지내는 과정이 인간의 삶과 많이 닮았다. 시인은 어쩌면 해바라기를 통해 인간에게 희망의 에너지를 전하고 싶었는지 모른다.

「서리꽃」은 시련의 시간을 견디는 존재의 외로움을 노래하고 있다.

> 뉘 입김 피워냈겠나
> 신억실 산 아래
> 춥고 어둔 방
> 마른 꿈 떼내려 뒤척일 때
> 나의 병상에 누가 있어
> 아롱아롱 속엣말 불어냈겠나
>
> 외로움만 더해가던
> 별하늘의 밤
> 누가 있어 더불어
> 차가운 입 열었겠나

기다리다 지쳐 엉긴 영혼처럼
차게 낯설게 핀 서리꽃이다
　　　　　　-「서리꽃」전문

　서정시는 예부터 자연을 통해 인간의 희로애락을 노래해 왔다. 자연은 언제나 불변의 상징으로 자연의 섭리에 순응하며 살아가고자 하는 의지를 나타내곤 하였다.
　이 작품에서「서리꽃」은 식물성의 꽃이 아니라 자연현상으로 겨울날 꽁꽁 언 땅에 선 얼음을 말한다. 시적 화자는 "신억실 산 아래/ 춥고 어둔 방/ 마른 꿈 떼내려 뒤척일 때/ 나의 병상에 누가 있어/ 아롱아롱 속엣말 불어냈겠나"라고 한다.
　'춥고 어둔 방', '병상' 등의 시어에서 보듯 시적 화자는 병들어 춥고 어둔 방에서 겨울을 보내고 있다. "마른 꿈 떼내려 뒤척"이는 것으로 보아 '마른 꿈'은 '헛된 생각'일 수도 있고, '이루어질 수 없는 꿈'일 수도 있다. 구체적으로 그 의미가 나타나 있지 않아 잘 알 수 없지만, 시적 자아는 그 꿈을 떼내려고 애를 쓰고 있다. 특히 시적 자아의 상황은 병마와 싸우고 있음과 더불어 '속엣말'을 나눌 벗이 없어 외로운 상태이다. 그리고 하늘에 별이 떠 있는 밤엔 "누가 있어 더불어/ 차가운 입 열었겠나"라고 탄식한다. 희망이 보이지 않는 시적 화자는 힘든 겨울을 병마와 싸우며 견디고 있는 절망의 시간, "기다리다 지쳐 엉긴 영혼처럼/ 차게 낯설게 핀 서리꽃이다"라고 아주 단호한 어조로 '서리꽃'이라는 차디찬 이미지를 통해 자신의 처지를 노래하고 있다.

  이 작품 속의 상황은 절망적이지만, '서리꽃'이라는 이미지를 통해 강인한 시적 화자의 모습을 보여줌으로써 시를 패배주의자의 넋두리가 아닌 겨울 추위와 병마 속에서, 오히려 희망을 기대하는 효과를 낳고 있다.

  「산국(山菊)」 또한 추운 겨울을 견디는 강한 인상을 형상화한 작품이다.

> 산 넘어가는 구름을 보며
> 무상함에 젖지 말고
> 텅 빈 가을 들길 지날 때
> 지나치게 슬픈 노래는
> 따라하지 마라
>
> 네 이웃을 뒤에 남겨두고
> 바람에 구르는 낙엽처럼 떠나지 마라
>
> 외로워하지도 마라
>
> 추운 계절 잘 참고
> 오랜 날들
> 모질게 견디어야 하느니

가을살이 위하여
새로 피어난
산국(山菊)처럼 강해지라

서릿발 서는 날에도
고운 표정과 향기 잃지 않는 것이
오상고절의 기개니라
　　　　　　　-「산국(山菊)」전문

　산국은 늦가을 산에서 피어나는 국화꽃이다. 옛날부터 '오상고절(傲霜孤節)', 즉 심한 서릿발 속에서도 굴하지 않고 꿋꿋이 지키는 절개를 노래하였다. 봉건사회에서 군주에 대한 지조와 절개를 지키는 것을 흔히 산국(山菊)으로 비유하곤 하였다. 시적 자아는 산국의 상징인 '오상고절'과 함께 현대적인 의미로 '산국'을 해석하고 있다. "산 넘어가는 구름을 보며/ 무상함에 젖지 말"라고 한다. "텅 빈 가을 들길 지날 때/ 지나치게 슬픈 노래는/ 따라하지 마라"며 청유형을 넘어 명령형 화법으로 의미를 강조하고 있다. "네 이웃을 뒤에 남겨두고/ 바람에 구르는 낙엽처럼 떠나지 마라" "외로워도 마라"고 하는 것은 산국이 일 년 중 가장 늦게, 서리가 내리는 계절에 꽃을 피우기 때문인데, 산국의 생태적 특징을 빌어 산국을 형상화했다. 이러한 예는 조선시대 유교적 관념에 충실했던 옛 선비들이 이른바 사군자에 의미를 두는 것과 같다. 다만 주조아 시인의 이 작품은 현대풍으로 산국의 의미를 새롭게 해석하고 있어 참신하다. 늦게 홀로 피니 외롭겠지만, "외로워하지도 마라"하는 것도 이와 궤를 같이한다. 이처럼 산국이 모두가 떠난 서리가 내리는 계절에 피어나면 당연히 추운 겨울을 모질게 견뎌야 한다. 그럼에도 그것을 아는 산국이 늦가을에 꽃을 피워 겨울을 견뎌내는 것은 산국의 성정 탓이다.

이렇듯 "가을살이 위하여/ 새로 피어난 산국(山菊)"을 바라보는 시적 화자는 누군가에게, 실은 자신에게 "산국처럼 강해지라"고 하는 것이다. 이처럼 자연을 통해 나약한 인간에게 강인한 의지를 불어넣고 있는 이 작품은 자연의 끈질긴 생명력에서 인간의 의지를 돋구고 있다.

이 밖에도 자연의 수사학을 보여주는 작품으로는 「백년사 동백」이 있다. 주지하다시피 동백은 겨울에 피는 꽃이다. 식물의 생태적 특성은 흔히 따스한 봄이나 여름에 꽃을 피우지만, 동백은 눈 속에서도 꽃을 피운다. 이러한 배경을 안고 있는 이 작품은 '백 년의 지조'로 승화시키고 있다. 아마 시제로 보아 '백년사 동백'이 백 년 동안 꽃을 피웠기 때문인 듯 싶다.

「수선화」에서는 강 언덕에 피어있는 수선화를 귀한 집 자매로 비유하며 봄바람에 한들거리는 아름다움과 생명성을 노래하고 있다. 「3월 목련」 또한 목련의 아름다움과 생명성을 형상화시킨 작품이다. '찬 공기' '거친 세상' 속에서도 고운 자태로 핀 목련꽃을 '곱고 정갈한 얼굴' '아름다운 품격과 진실'로 의미화하고 있다.

4.

이번 주조아 시인의 시집에서는 유독 꽃과 나무들이 자주 등장한다. 앞에서 살펴보았듯이 '기독교적인 상상력'은 물론 '자연의 수사학', 그리고 어머니와 고향에 대한 기억을 호명하는 시편에서도 나무와 꽃들이 자주 나타난다. 이는 주조아 시인의 자연을 바라보는 시선이 다양해졌다는 증거이며, 그의 관심사가 자연에 대한 경외심과 더불어 친화적인 사고 때문으로 짐작할 수 있다. 이렇듯 시인들이 자연을 시적 소재나 주제로 자주 활용하는 것은 2,500여 년 전 아리스토텔레스의 '문학은 자연을 모방하는 것'이라는 명제가 말하는 것처럼 자연은 인간의 마음을 정화하는 힘을 가졌기 때문이다.

조팝꽃 지고 이팝꽃 피었네

거리의 가로수에 흰 쌀밥이 수북

칠남매 먹이느라 배가 고프시던 어머니
보릿고개 지나서도 일 년 열두 달
어머니 그릇은 늘 빈 그릇

이팝꽃 가로수에 어머니 얼굴 피었네

> 내 새끼 밥 먹었느냐
> 거듭거듭 확인하시던 어머니
>
> 가득 퍼 담으시던 사랑
> 하얗게 하얗게 피었네
> 　　　　　－「이팝나무 꽃」 전문

　언제부턴가 가로수로 이팝나무가 많이 심겨 있다. 겨울이 아닌데도 하얀 꽃이 피어 있는 모습을 보면 마치 눈 맞은 나무를 연상시킨다. 그런데 예부터 이팝나무는 이름에서 알 수 있듯이 흰 쌀을 연상시킨다. 그래서 시적 화자는 "거리의 가로수에 흰 쌀밥이 수북" 하다고 노래한다. 길거리에 쌀밥이 있을 수는 없겠지만, 이팝나무의 흰 꽃이 마치 쌀로 보였던 것은 배고픈 시절이었기 때문일 것이다. 이팝나무에서 쌀을 연상시킨 시적 화자는 가난한 시절의 어머니가 떠오른다. "칠남매 먹이느라 배가 고프시던 어머니/ 보릿고개 지나서도 일 년 열두 달/ 어머니의 그릇은 늘 빈 그릇"이다. 가족을 위해 자기 밥까지 모두 줘버리고 자신은 빈 그릇뿐인 어머니의 헌신과 사랑이 눈물겹다. 오늘날 물질적인 풍요를 누리고 살아가고 있는 젊은 세대들에게는 공감이 잘 안 되겠지만, 보릿고개를 지나온 세대들은 이 작품을 읽으면 가슴 한켠이 저려올 것이다. 이 세상 모든 어머니가 자신을 희생시키고 가족을 위해 배고픔을 참았기 때문이다. 시적 화자 또

한 보릿고개를 넘어온 세대인 까닭에 이팝나무에서 쌀을 연상시키는 것이다. 그러므로 시적 화자는 "가득 퍼담으시던 사랑/ 하얗게 하얗게 피었네"라고 노래할 수 있었던 것이다.

  이 작품 속에는 시간의 거리가 있다. 수십 년 전 배고픈 시대와 현재라는 시간의 간극을 뛰어넘어 오래된 시간을 호출하며, 그 시절 어머니의 사랑을 현재의 시점에서 떠올리는 것이다.

  다음 작품 「찔레의 추억」 역시 시간의 간극을 뛰어넘어 현재의 시점에서 과거를 회상한다.

> 개울가는 온통
> 찔레 천지다
> 그때도 그랬다
>
> 나 그 앞에서
> 찔레 향하여
> 자신 있게
> 손 내밀던 시절
>
> 그도 내 앞에서
> 조심조심
> 하얀 손 내밀다 그만
> 상처 입은 손가락
>
> 입에 대고
> 가만히 울먹이었지

입에 대고
가만히 바라보았다
어린 봄날이 가는 것을

찔레의 계절은
그렇게
가슴에 들어왔다
　　　　　　　　　-「찔레의 추억」 전문

"개울가는 온통/ 찔레 천지다"라고 말문을 연 이 작품의 시작은 현재의 시점이다. "그때도 그랬다"라고 한 것을 통해 이를 유추할 수 있다. 그러면서 시 작품 속 과거의 시간으로 돌아간다. "나 그 앞에서/ 찔레 향하여/ 자신 있게/ 손 내밀던 시절"은 시적 화자의 소년 시절이었을까? '그'로 지칭되는 인물은 사랑하는 사람이었을지도 모른다. 그러므로 사랑하는 사람 앞에서는 모두가 용기가 있는 법이어서 찔레에 가시가 있는 줄을 알면서도 찔레 순을 따주기 위해 "자신 있게/ 손 밀"었던 것이다. 사랑의 힘은 용기뿐만 아니라 위대한 것이어서, "그도 내 앞에서/ 조심조심/ 하얀 손 내밀다가 그만/ 상처 입은 손가락"이 되어서 핏방울이 맺혔을까? 사랑하는 사람이 찔레를 꺾다 손을 다치자 "입에 대고/ 가만히 울먹"인다. 가시에 찔린 사람보다 그것을 바라보는 사람의 마음이 더 아팠을 것이다. 이 작품은 시제적인 측면에서 보다 구체적이지 않아 "입에 대고/ 가만히 바라보았다"라는 진술이 그 옛날에 그랬다는 것인지, 현재 시점에서 찔레꽃을 바라보니 그 옛날이 떠올랐다는 것인지는 확실치는 않지만, 그런 것쯤은 이 작품에서 상관치 않는다. 찔레꽃이 피던 그 시절에 "찔레의 계절은/ 그렇게/ 가슴에 들어왔다"고 해도 좋고, 오늘의 시점에서 그 옛날을 떠올리며 자신의 아름다운 찔레의 계절을 바라보는 것도 괜찮다. 오히려 시제의 불분명함을 통해 시를 다양하게 해석할 수 있기 때문이다.

「봄비」 또한 젊은 시절의 애틋하면서도 아픈 그리움의 정서를 담아내고 있다.

> 봄비가 내리면
> 봄이 내게로 들어온다
>
> 봄 안개, 봄 추억보다 더
> 때론 짙은 그늘 같고
> 때론 몹시 쓴 약 같은 그리움도
> 추적추적 흘러들어
> 온몸을 한나절쯤 적시고 간다
>
> 내 나이 스물넷, 초임교사 시절의
> TV드라마 '봄비'의 한 장면
> 빗물 흐르는 창을 사이에 두고
> 두 연인 서로 울다 돌아서는데

두고두고 그 모습 내게 남아있는 건
그 시절 내게 새로 시작되던 아픔들이
드라마 속 눈물만큼이나 깊었던 때문일까

봄은 해마다
봄비로 사람을 적신다
아픈 곳을 더 쓰리고 아프게 한다
-「봄비」 전문

"봄비가 내리면/ 봄이 내게로 들어온다"는 진술을 시의 서두에 내걸고 보다 구체적인 서사를 통해 젊은 시절을 회상한다. 왜 "봄비가 내리면 봄이 내게로 들어"오는 걸까? 봄비가 내리면 "몹시 쓴 약 같은 그리움"이 "추적추적 흘러들어/ 온 몸을 한나절쯤 적시고"가는 걸까? 이러한 질문에 대한 대답을 3연에서부터 시적 화자는 밝힌다. 이 작품은 주조아 시인의 개인적인 체험을 바탕으로 쓴 것으로 짐작된다. 국문학을 전공하기도 하고 잠시 교직에 있었던 그리고 보면 충분히 유추할 수 있다. 그러므로 이 작품은 주조아 시인이 시적 자아를 내세워 자신의 이별을 노래한 까닭에 아름답지만 아프고 슬프다.

"내 나이 스물넷, 초임교사 시절"의 일이다. 당시 텔레비전에서 〈봄비〉라는 드라마가 있었나 보다. 드라마 〈봄비〉에서 사랑하는 사람들이 "빗물 흐르는 창을 사이에 두고/ 두 연인 서로 울다 돌아"선 장면이 자신의 사랑을 닮았기 때문일까. 그렇기 때문에 수십 년의 세월이 흘렀어도 "봄비가 내리면/ 봄이 내게로 들어온다"는 진술이 설득력을 가지는 것일 게다. 시적 화자의 고백처럼 "두고두고 그 모습 내게 남아있는 건/ 그 시절 내게 새로 시작되던 아픔들이/ 드라마 속 눈물만큼이나 깊었기 때문"일지도 모른다고 한다. 오래 전의 일이지만 봄비가 내리면 옛 생각이 나서 "봄은 해마다/ 봄비로 사람을 적신다". 그래서 "아픈 곳을 더 쓰리고 아프게 한다". 얼마나 지고지순한 사랑이었으면 아직까지 봄비가 내리면 옛사랑이 떠오를까? 순애보를 읽는 느낌이 드는 작품으로 읽는 사람마저 눈가를 촉촉하게 한다.

이밖에 「동백 한 송이」에서도 동백꽃을 통해 옛사랑을 소환한다. 잊지 못할 정서적 사건은 꽃이 든 어떤 사물이든 연상작용을 하게 한다. 앞에서 '이팝나무', '찔레', '봄비'를 통해, 어머니와 순애보적인 사랑을 연상했듯이 동백꽃을 통해 역시 옛사랑을 떠올린다.

「사진 한 장」에서는 초임지로 부임하는 젊은 교사에게 말없이 트렁크를 정류장에 두고 사라진 여인에 대한 그리움의 잔상이 여지껏 남아있음을 보여준다.

「어머니」에서는 겨울 방학 때면 외갓집에 가기 위해 황룡강 보를 지날 때면 아들이 안 잊혀 따라오실 어머니의 뜨거운 사랑을 떠올린다.

5.

 지금껏 살펴보았듯 주조아 시인의 시는 주로 자연을 매개로 한 기독교적 세계관의 상상력을 펼쳐왔다. 끊임없이 회개하고 기도하는 목회자의 모습에서 오늘 자본주의 시스템으로 작동되는 현실에서 우리가 어떻게 살아가야 하는지를 극명하게 제시하고 있다.

 그리고 자연을 바라보는 시인의 '자연의 수사학'에서는 때로는 기독교적인 시각과 배경에서 자연을 해석하고, 때로는 자연이 지닌 진실을 추구하는 인간 주조아를 만나 그의 자연관을 들여다보았다. 특히 나무가 지닌 생명성에 대한 그의 다양한 해석은 그가 20년 전의 주조아 시인이 아님을 증명한다. 견고한 언어와 튼실한 시적 구조 등에서 그가 얼마나 시에 공을 들였는지를 짐작할 수 있다.

 마지막으로, 옛 추억을 통해 배고픈 시절 어머니의 헌신과 사랑을 자연을 통해 다시 호명해내는 과정을 보았다. 더불어 젊은 시절의 애틋한 사랑과 이별의 아픔을 여전히 간직하고 향수하는 시인의 순정함이 독자들의 마음을 정화하는 것을 느껴보았다.

 이제 주조아 시인의 시는 보다 세련되어 있고, 심층적인 내면 탐구로 깊어진 것을 알 수 있다. 20년 만의 해후, 이제 주조아 시인은 자신만의 세계를 구축한 견고한 시인이다. 반갑다.